Académie des Jeux Floraux

ÉLOGE

DE

CLÉMENCE ISAURE

Lu en Séance publique le 3 Mai 1875;

Par M. le Comte DE TOULOUSE-LAUTREC,

Un des quarante Mainteneurs.

ÉLOGE

DE CLÉMENCE ISAURE.

Messieurs,

Laisser un nom! — Léguer à l'avenir une mémoire honorée ou glorieuse; c'est là, parmi les aspirations qui attestent la dualité de notre nature, une des plus impérieuses et des plus nobles. L'immortalité promise à notre âme dans un monde supérieur ne nous suffit pas, nous en voulons une part dans celui-ci. Impuissants à toujours rester parmi les hommes, nous ambitionnons au moins de vivre toujours dans leur souvenir.

Il faut bien l'avouer, c'est par la force qu'on dure le plus. Personne n'ignore les noms des conquérants, des guerriers, de ceux qui ont creusé sur la terre le plus sanglant et le plus profond sillon. Le travailleur illettré les sait et les répète, et par une aberration singulière, il admire et il aime ces êtres néfastes pour qui la vie des hommes n'était rien et qui les fauchaient sans pitié, en courant au but de leur impassible ambition. On trouve leur image dans la plus humble demeure, à côté du buis bénit, de la Vierge miséricordieuse, des saints, protecteurs du pauvre, appuis du faible, intercesseurs des malades, consolateurs des affligés.

Ceux qui ont versé le sang des autres et ceux qui ont donné le leur, les batailleurs et les martyrs, sont à jamais les maîtres de la faveur populaire.

Dans une autre sphère d'intelligences, ce sont les poëtes, les orateurs, les historiens, les conteurs, les sculpteurs, les peintres, dont les noms sont familiers et aimés. Mais combien en surnage-t-il sur ce vaste océan des siècles qui roule dans ses profondeurs tant de vies oubliées? On s'épouvante à penser à ces foules énormes, à ces multitudes innombrables qui ont vécu, qui se sont agitées, qui ont eu leurs joies, leurs douleurs, leurs passions, leur soif d'avenir. Combien parmi elles d'ardents lutteurs inconnus! Le temps a fait un pas : deux ou trois noms sont restés; quelques livres, quelques tableaux, quelques statues représentent les efforts intellectuels d'un siècle entier!

Heureux les rares pays qui voient naître et mourir ces astres de l'humanité : ils s'en honorent et les honorent, et le culte qui leur est rendu ne s'affaiblit pas avec les siècles.

Toulouse a ce privilége envié.

Après les princes dont elle fut la capitale et dont la gloire et les malheurs portèrent sa renommée si haut et si loin, il est un nom dont s'enorgueillit Toulouse; un nom qui réunit tout ce que la pensée peut concevoir de plus gracieux et de plus aimable. Il n'a signé aucune œuvre, il ne réveille pas un souvenir palpable. C'est une merveille de se survivre ainsi, sans avoir personnellement rien fait.

Cette merveille s'est réalisée ici, et il n'est pas, parmi les noms les plus illustres, un nom plus aimé, plus franchement populaire que celui de Clémence Isaure.

Elle n'a rien produit, rien laissé après elle. Aussi ce n'est pas d'hier, que date envers sa mémoire, le scepticisme. Catel, notre grand historien patriote, contestait qu'elle eût vécu. Il n'avait pas pu découvrir où elle était née; il n'avait pas trouvé son testament, malgré toutes ses recherches, dans les archives de l'Hôtel-de-Ville.

Combien ces mots et ces idées se heurtent! Combien ces expressions techniques et légales blessent en regard de cette image!

Est-ce qu'on saisit le nuage éclatant qu'empourpre le lever du soleil? — Cherche-t-on à fixer le parfum de la fleur? peut-on presser les ailes du papillon?

Non. il y a là un arrière-goût déplaisant, de vieux titres, d'herbier, de collection étiquetée, qui révolte. La science et l'archéologie n'ont rien à voir ici; elles ne sont pas sur leur domaine.

Clémence Isaure a vécu — elle vit — sans avoir écrit, peint ou sculpté. Elle a fait plus que tout cela ensemble, elle a marqué son passage par la réalisation d'une pensée poétique, ingénieuse et charmante; et Toulouse a applaudi; si bien que, pouvant choisir entre toutes ses gloires, elle a accepté celle-là par dessus toutes. Elle s'est laissé nommer la ville de Clémence Isaure, parce que Clémence Isaure a su incarner en elle le génie de son peuple, d'un peuple malheureux et vaincu.

On peut tout prendre à un peuple vaincu, — on peut renverser ses autels, s'emparer de son territoire, violenter ses mœurs, abolir ses vieilles coutumes, jeter à bas ses lois, lui imposer des institutions étrangères, on peut oser lui défendre de parler sa langue! — On ne lui prendra jamais son génie; on n'éteindra pas l'étincelle qui jaillit de son âme; on ne comprimera pas les palpitations de son cœur. La tyrannie est impuissante contre cet obstacle résistant et souple, cet ensemble d'intelligences, d'esprits, de cœurs, qui ont conçu, créé, battu à l'unisson.

Plutôt, le vainqueur s'imprègnera de cette atmosphère morale et en sera à son insu pénétré.

C'est ce qui est arrivé pour nous.

Remontons ensemble, Messieurs, très-haut dans notre passé. Notre pays aime qu'on lui répète son histoire. Il ne l'a pas oubliée. Elle en vaut la peine.

Au XIe siècle, le Nord et le Midi s'étaient élancés vers l'Orient, dans une commune pensée de foi. Frères d'armes, ils avaient souffert ensemble; enduré les périls d'un long pèlerinage; subi la perfidie des Grecs; bravé les privations amères du désert, la valeur bouillante et la cruauté féroce des Sarrasins. — La faim avait déchiré leurs entrailles, et la soif desséché leurs gosiers. Les os de leurs morts avaient blanchi côte à côte sur les gazons de l'Asie-Mineure et sur le sol poudreux de la Palestine. Leurs genoux avaient frappé la terre à la vue lointaine de Jérusalem; leur sang avait rougi ses approches; leurs fronts avaient touché la pierre du tombeau de Jésus-Christ; on avait entendu leurs gémissements, vu leurs larmes inonder leur visage et leurs mains frapper leurs poitrines amaigries, à l'aspect des saints lieux.

Des princes, des barons, des clercs, des simples pèlerins, nul n'aurait su dire quel avait été le plus hardi, le plus humble, le plus pieux, le plus sage, qu'il fût l'enfant du Nord ou le fils du Midi.

Un siècle environ plus tard, par un revirement inouï, une autre guerre éclatait, portant le même titre que celle dont s'enorgueillissaient nos annales; mais elle ne franchissait pas les mers. Le Nord se ruait cette fois, non pas sur les terres des infidèles Sarrasins, mais sur la patrie de ses anciens compagnons de péril et de gloire, sur le Midi.

Peut-être ces hommes du Nord, qui avaient traversé nos régions en allant en Terre-Sainte, avaient-ils senti naître en eux d'âpres et sauvages convoitises, et transmis à leurs descendants la nostalgie du soleil et des flots azurés. Quand mugissait la tempête roulant comme des vagues les fronts superbes des forêts épaisses, quand la neige couvrait les campagnes, dans le donjon sombre ou sous le chaume enfumé, quelque voix, écho du passé, rappelait la légende des visions brillantes, et chantait à sa manière l'éternelle plainte de ceux qui vivent dans les brumes et dans le froid :

» Connais-tu cette terre, où les citronniers fleurissent ? »

La guerre s'abattit avec rage sur nos douces contrées; elle n'épargna rien : elle fut longue, ardente, atroce, implacable. Il eût fallu pour parler de notre pays ravagé emprunter les accents désespérés des Psaumes et les cris douloureux de Jérémie :

« Le figuier ne fleurira plus, la vigne ne portera
» plus de bourgeons ;
» L'olivier ne donnnera plus ses fruits ; les champs
» ne se couvriront plus de blé ;
» Il n'y aura plus de troupeaux dans la bergerie,
» ni de bétail dans l'étable (1). »

Je ne crains pas, Messieurs, de vous faire entendre

---

(1) Cantiques d'Habacuc.

ces plaintes et ces revendications tardives. La constance de ce patriotisme de six cents ans n'a rien d'outré, et je n'en crois pas l'expresson inopportune, même quand la France est malheureuse.

La France, Messieurs, personne ne l'aime plus que nous ! Aucune de nos provinces n'a plus généreusement signé l'acte de soumission de ses pères et accepté l'union avec plus de loyauté et de foi. Nous lui avons donné de grands hommes, nous sommes fiers des siens. La fusion est depuis longtemps complète. La France est notre mère à tous; la mère pour qui nous souffrons et pour qui nous mourons.

Mais les points de vue changent.

Vous vous souvenez bien que, dans notre éducation classique, quand on nous enseignait l'invasion des Gaules par les Romains, on nous mettait de cœur avec les conquérants. Il semblait que nos pères eussent été des insurgés, et notre grand Vercingétorix, un rebelle ! Nous trouvions les héroïques défenseurs d'Uxellodunum bien tenaces, bien obstinés, bien lents à capituler; et quand César, après la chute de la place, faisait couper les mains de ces vaillants qui avaient osé lui résister si longtemps, c'était à nos yeux non pas tant une cruauté exécrable, qu'un châtiment exemplaire; rigoureux, mais mérité.

Et dans les guerres du XIIIe siècle nous étions naïvement les partisans de Montfort, acceptant avec candeur le prétexte religieux de la Croisade. Innocent III avait beau lancer ses bulles et tenter d'arrêter le torrent dévastateur, nous n'étions pas bien sûrs qu'il ne valût pas mieux laisser aller les choses et voir finir la lutte de ces méridionaux entêtés.

Nous sommes revenus aujourd'hui du côté de la justice et de la patrie.

Il y a de la dignité à se souvenir, quand on a si bien prouvé qu'on savait oublier.

Ainsi, tout fut saccagé, détruit; les maisons étaient vides et les cachots remplis. On ne comptait plus les tombes d'où les morts débordaient; on ne savait plus le nombre des veuves, ni celui des orphelins; les mutilés s'en allaient affamés par les chemins de leur pays, mendiant le long de leurs demeures incendiées.

« Les vieillards de la fille de Sion se sont assis sur ses ruines en silence; il ont jeté la cendre sur leurs têtes, ils se sont ceints de cilices; les vierges de Jérusalem ont pleuré, la face contre terre.

» J'ai senti le glaive de la douleur me percer, lorsque j'ai vu les maux de la fille de Sion, et ses enfants à la mamelle, mourir, délaissés sur les places de la ville (1). »

Et le temps passa; les blessures se cicatrisèrent; peu à peu notre peuple ne s'étonna plus de ses villes démantelées et de ses remparts détruits; il s'accoutuma à voir les corneilles s'envoler en tournoyant des crevasses des tours; à ne plus entendre dans les ruines des châteaux d'autre bruit que le cri des oiseaux de nuit, à ne plus voir la lumière briller aux fenêtres des manoirs. Les générations se succédèrent. Les maîtres assouvis devinrent moins arrogants et moins durs. La crainte diminua d'un côté; la pitié et la sympathie s'accrurent de l'autre. Notre peuple alors respira, et il se souvint.

Il se souvint des jours heureux; des belles chansons de ses pères; du grand accueil que ses souverains nationaux faisaient jadis aux poëtes; du temps

---

(1) Jérémie.

où la foule les entourait et applaudissait à leurs chants.

Les Troubadours, qui avaient pleuré les malheurs de la Patrie et flagellé l'envahisseur de leurs strophes vengeresses, s'adoucirent et se remirent à rimer, à rire, à célébrer l'amour et la beauté, et par dessus tout les louanges de la sainte Vierge Marie qu'on ne se lassait pas, en ce temps, de répéter d'un bout de France à l'autre.

En 1325, les sept Troubadours réunis dans un faubourg de Toulouse, *en un beau verger*, décernèrent leur première fleur, *la joie de la Violette*. Tous les poëtes de la langue d'Oc avaient été appelés à la fête. Le sujet du poëme devait être religieux, en l'honneur de Dieu, de la sainte Vierge ou des saints.

Arnaud Vidal, de Castelnaudary, fut le premier lauréat du collége du gai-savoir.

C'était une résurrection véritable. Les poëtes chantaient, on se disputait leurs prix ; on voyait renaître la vieille gaieté romane, la douce mélancolie, l'amour du merveilleux, le goût des longs récits, la joie bruyante, la douleur expansive, l'exclamation, l'esprit finement railleur, la vivacité gracieuse et piquante, apanage de notre pays, et la musique à laquelle on adaptait les beaux vers, et ces voix pleines. harmonieuses et sonores du peuple du Midi, répétant par les soirées calmes et sereines, ces chants que nous entendons encore :

« Et qui font que de toi, ma patrie, ô Toulouse,
» L'Italie est contente, et l'Espagne jalouse (1) ! »

(1) Comte Jules de Rességuier.

Longtemps après les sept Troubadours, à la fin du xiv° siècle, on voit apparaître une blanche et suave figure, une femme armée à la fois de grâce et de force, d'inspiration et d'autorité. Elle se révèle soudain, sans antécédents et sans suite, sans aïeux et sans postérité.

C'est une femme très-réelle, très-vivante, et à la fois très-insaisissable et très-mystérieuse.

Elle passe, laissant aux siècles un nom, et une œuvre à continuer.

Le nom, c'est Clémence Isaure.

L'œuvre, les Jeux-Floraux.
Et tout le reste se dérobe sous un épais nuage. Est-ce un mal?

Est-ce un mal que notre génie du Midi paraisse à demi voilé? non pas, hélas! comme une de ces ébauches vigoureuses qui attendent que le pinceau vienne les achever; mais comme une de ces toiles que le temps a obscurcies et rendues problématiques, comme la Joconde de Léonard de Vinci: — ou encore, comme un temple à moitié démoli sur lequel rampe le lierre, et dont la verdure et les fleurs cachent et dérobent les contours.

N'est-il pas, lui aussi, une ruine? Qu'est devenu le mélodieux instrument dont on se servait au temps de Clémence Isaure? Par une fatalité bien étrange, ce ne sont ni les poésies, ni l'idiôme de son pays que sa munificence a soutenus et encouragés. Comment la langue Romane a-t-elle décliné? comment sa proscription a-t-elle été acceptée avec une sorte d'empressement? comment parait-elle prête à mourir, elle qui était enracinée dans le sol, et qui avait de son côté l'ancienneté, l'habitude, le nombre; elle qui possédait tant de grâce, de douceur, de vigueur et d'harmonie? La mort d'une langue, la vivante expression de l'âme!... C'est dans l'histoire d'une nation un abîme de douleurs qu'on ne peut sonder. La nôtre, après tout, a une agonie puissante et superbe : elle reste la langue de ceux qui nous nourrissent et de ceux qui nous défendent, du laboureur et du soldat, — et par moments elle jette encore au monde des élans ravissants ou sublimes quand elle se réveille sur les lèvres de Goudouli, de Jasmin ou de Mistral.

Ah! ils ne savent pas de quel crime ils se rendent coupables envers l'humanité, ceux qui s'efforcent d'étouffer les antiques, mâles et gracieux accents du Midi.

La Grèce avait neuf Muses.

Notre pays n'en a qu'une : Clémence Isaure. Ne nous plaignons pas du mystère qui la grandit en l'enveloppant.

Le mystère règne aux deux bouts de notre vie. Il fait le charme de l'enfant et la majesté du vieillard ; la grâce du berceau, la grandeur de la tombe ; tout est mystère autour de nous ; le ciel et ses splendeurs, l'Océan et ses abîmes, ces deux azurs dont l'un reflète l'autre et dont nous ne connaissons pas le fond. Il n'y a pas de grandeur comparable à celle du mystère. Tout ce qui est voilé est grand ; tout se rappetisse au contact de la main.

L'idéal tombe en poudre au toucher du réel (1) !

La religion s'entoure de mystères, et la nature est lente à révéler les siens à la science.

---

(1) Victor Hugo. Les feuilles d'automne. XXVII à mes amis L. B. et S. B.

Le mystère engendre une des plus belles vertus de l'homme : la foi ; sans le mystère, l'homme n'accomplirait pas un des actes les plus solennels et les plus virils de sa vie morale ; il n'aurait pas besoin de croire : avoir la foi, donner sa foi, jurer sa foi ! expressions sublimes de l'abandon confiant aux secrets de Dieu et à ces autres secrets impénétrables aussi, le cœur et la volonté de l'homme.

D'ailleurs, pourquoi vouloir tout toucher et tout savoir ? qu'importe la vie de Raphaël en présence de la Transfiguration ou de la messe de Bolsena ?

Ne vaudra-t-il pas mieux, pour Châteaubriand et pour Lamartine, que le temps estompe un peu leurs nobles figures, que les détails se perdent dans un harmonieux ensemble, et que la postérité ne sache pas que la vieillesse du chantre des Martyrs fut chagrine, que pour le poëte de Jocelyn la fin de la vie fut amère ? est-il bon de savoir que Musset oublia souvent dans un matériel désordre l'inspiration suave des Nuits ?

Qu'est-ce que l'homme avec ses petitesses, ses défaillances, son ennui, ses doutes, ses hésitations, ses craintes et ses misères, en face de l'œuvre grandiose, ferme, riche de pensée, rayonnante de vie, d'affirmation artistique et religieuse qu'il a laissée après lui ?

Qu'importe où fut son berceau ? que nous fait la pierre qui recouvre ses ossements ?

Qu'ont-ils gagné les hommes d'État ou les écrivains dont on a divulgué les lettres intimes et fouillé la pensée avec un scalpel minutieux ? Beaucoup y ont perdu, pour qui le mystère était un bienfait.

Rien ne nous porte à croire qu'il en dût être ainsi pour Clémence Isaure. Tout, au contraire, nous fait supposer qu'on ne l'aimerait pas moins, si on la connaissait mieux.

Sa destinée a été de disparaître vite et toute entière. Il n'y a pas de nom plus répété, ni de vie plus inconnue que sa vie et son nom. Dans les ombres du xiie siècle on retrouve plus vivante, Adélaïde de Burlats, on connaît sa vie, ses aventures, ses joies et ses peines.

Clémence Isaure n'a eu ni aventures, ni peines, ni joies dont le récit nous ait été laissé. Elle est semblable à quelqu'un de ces bienheureux habitants du ciel, qui existent, règnent et jouissent sans trouble, perdus dans une infinie lumière et un ineffable bonheur.

Vision céleste et charmante, d'où viens-tu? Nul ne le sait.

Quelle était son origine? où et quand naquit-elle? comment remplit-elle sa vie?

Aucun rayon ne perce ces ténèbres, et cependant il me semble connaître Clémence Isaure dans son dessin le plus large et sous ses traits les plus frappants.

Sûrement elle était de noble race. Dans ce temps-là, pour imposer aux hommes, il fallait s'avancer vers eux précédé de grands souvenirs, d'une longue suite d'aïeux. Il fallait appartenir à la classe qui devait à la naissance, grandeur, richesse et pouvoir. On n'aurait obtenu, sans cela, ni affection, ni respect. Ce n'est pas une humble vassale sortie des masures éparses autour du Château Narbonnais, ou serrées aux abords des palais des Roaix ou des Maurand, qui eût pu faire accepter un don au collége du Gai-savoir ou lui proposer des règles. Non, Clémence Isaure était une dame, une grande et noble dame.

Elle était belle. La beauté est une puissance pour la femme.

« L'éclat d'un beau visage, au ciel tout transporté
M'enlève............... » (1).

La beauté est un rayonnement, une attraction, plus peut-être dans notre France et dans notre Midi qu'ailleurs.

Deux siècles après Clémence Isaure, une autre femme, à Toulouse, devint célèbre par sa seule beauté, et nous savons toute l'idolâtrie de nos pères et l'enthousiasme qu'ils faisaient éclater sur les pas de la belle Paule de Viguier.

Vers la fin de nos premiers orages, dans un temps où la femme était redescendue à l'état purement plastique, au rôle secondaire de *ravir les yeux lassés par l'éclat des armes,* on sait quel prestige et quelle influence exerçait la beauté de Mme Récamier.

Clémence Isaure était savante et poëte, puisqu'elle protégeait les travaux de l'esprit. Pour se complaire dans la compagnie des sept Troubadours, elle a dû être ornée de tous les dons de l'intelligence; avoir appris tout ce qu'on savait de son temps, pénétré le peu de secrets qui étaient alors révélés; connaître les lettres latines, les seules qu'on eût encore retrouvées. Je me figure aussi que ses beaux yeux s'étaient levés vers les hauteurs sublimes de la Théologie. C'était, au moyen âge, la science des sciences. Le génie de l'homme n'avait pas découvert les moyens d'emporter son corps à travers l'espace, avec une rapidité vertigineuse; mais il savait élever son âme vers les hauteurs du ciel.

Si vous trouvez que j'ai trop creusé, que j'ai gâté

---

(1) Sonnets de Michel Ange.

ma statue par cette profusion de détails, qu'il y a quelque chose d'étrange à dire que la belle, aimable et poétique Clémence Isaure fut théologienne et savante, rappelez-vous, bien longtemps après elle, les fortes lectures de Mme de Sévigné et de Mme de Grignan, et les études élevées et profondes de Jacqueline Pascal.

Je la vois donc cette beauté souveraine de mon pays, imposante et majestueuse, rayonnante de grâces; je vois son sourire aimable, j'entends son beau parler doux et courtois, elle est devant moi radieuse et séduisante, avec son esprit orné de dons acquis et riche de fraîche poésie.

Et qui m'a révélé ce vivant portrait? Qui m'a appris toutes ces choses? Ce ne sont pas les livres ni les trésors de nos archives. Elles m'ont été dites et répétées chaque année par ces modestes fleurs que serre sa main et avec lesquelles elle descend le cours des âges, comme Ophélia, parée de fleurs et de verdure, suivait, lentement entraînée, le cours paisible de la rivière.

Je veux toucher maintenant à un point toujours délicat de la vie de la femme.

Clémence Isaure fut-elle aimée?

L'homme, à la poursuite de l'idéal, le personnifie dans la femme, réalisation visible à ses yeux de toute grâce et de toute beauté. Elle inspire et pousse en avant, pardonnez-moi cette parole familière, autant et plus qu'elle n'agit :

> L'œuvre avec son auteur a tant de parenté
> Que je m'élève à lui *tout* en passant par elle,
> C'est à Dieu que je parle et c'est Dieu que j'appelle
> Quand *tout* brûlant d'amour j'implore une Beauté. (1)

---

(1) Sonnets de Michel-Ange, traduction de M. Saint-Cyr de Rayssac. *Gazette des Beaux-Arts*, 1er janvier 1875.

De quel cœur religieux et passionné sont sortis ces vers, dont la traduction, je l'avoue, n'est pas sans faiblesse ?

Ils sont l'écho d'une âme extraordinaire, une des « mieux trempées des temps modernes et des plus » belles qu'ait produites l'humanité (1). »

Lorsque Michel-Ange les écrivit, il avait plus de soixante ans. Il venait de finir le tombeau des Médicis à Florence; il enlevait les éclats du marbre dans lequel il avait vu son Moïse; il roulait dans sa tête la vision formidable de la Chapelle Sixtine (2).

C'est pendant ces travaux immenses qu'il rencontra Victoria Colonna, la veuve du marquis de Pescaire; il conçut pour elle une passion violente et fougueuse, qui se brisa toujours devant une douleur qui ne voulait pas être consolée.

La dernière scène de cet épisode de la vie de Michel-Ange, est d'une grandeur et d'une majesté tragiques, bien dignes de lui.

Il vit mourir Victoria Colonna. Quand cette âme à la fois tendre et fière se fut envolée, quand ce cœur noble et fidèle eut cessé de battre, Michel-Ange désespéré s'agenouilla et baisa la main raidie et glacée de la morte. mais il n'osa pas profiter de son immobilité suprême pour la baiser au front.

Clémence Isaure inspira-t-elle jamais une passion semblable, fut-elle aimée, comme le dit la chanson populaire de l'écrivain poudré et pommadé qui a le moins connu nos chevaliers du moyen âge et les bergers de tous les temps ? En tout cas, celui qui d'après la Légende, lui aurait donné son cœur, n'eût pas été un poëte, mais un soldat. Clémence Isaure

---

(1) Voir la note de la page précédente.
(2) Vers 1538.

n'eût été ni Béatrice, ni Laure, ni Léonore d'Este, ni Victoria Colonna.

Elle ne paraît pas avoir été la muse d'un seul ; elle est depuis des siècles la muse de tous, la chaste inspiratrice des poëtes.

A quelle époque de sa vie leur fit-elle le don généreux et charmant de ces fleurs qu'ils viennent chaque année cueillir de toutes parts ? Etait-ce dans l'enthousiaste entraînement de la jeunesse, ou bien, avait-elle atteint ce moment solennel de la vie où la vieillesse apporte avec elle l'apaisement, l'onction grave et douce, la juste vue des choses, l'indulgence sereine propre aux âmes qui se recueillent après avoir beaucoup vu, et semblent à la fois vouloir se faire regretter en partant, et refléter d'avance les rayons de la Divine Bonté ?

On ne peut pas le dire, on ne sait pas davantage quel jour sa vie prit fin, quel jour on entendit dans les rues de Toulouse, les poëtes répéter le sonnet désolé du Dante :

« Ah ! pèlerins qui marchez pensifs en vous oc-
» cupant peut-être de choses étrangères à ce qui
» vous entoure, venez-vous de si lointains pays,
» comme votre apparence l'indique ! »

« Que vous ne sentiez pas vos larmes couler en
» traversant au milieu de cette ville comme des
» personnes qui ne comprennent rien à ce qu'elle a
» éprouvé de douloureux....................
....

« Cette cité a perdu sa Béatrice et les paroles que
» l'on peut dire de cette Dame ont la vertu de
» faire pleurer ceux qui les écoutent (1). »

---

(1) Dante. Vita Nuova.

Quoi qu'il en soit, cette tombe ne fut point fermée, nul ne scella la pierre qui pesait sur elle. Il s'en dégagea un parfum pénétrant. On n'enferme pas dans la terre la poésie, la patrie et la foi. Femme ou symbole, réalité ou rêve, Clémence Isaure a reçu de son pays une impérissable couronne de gloire et d'immortalité.

Saint-Sauveur, 17 avril 1875.

150

www.ingramcontent.com/pod-product-compliance
Lightning Source LLC
Chambersburg PA
CBHW060625050426
42451CB00012B/2427